# Learn Norwegian through Stories

**With English Text for Beginners**

**S. Akhtar**

Copyright © 2021 S. Akhtar
All rights reserved.
ISBN: 9798540394680

# Table of Contents

**Introduction**     5

**En ny venn – A New Friend**
1: Hjemme Alene – Home Alone     7
2: Det første møtet – The First Meeting     16
3: Hvor er hun? – Where Is She?     28

**Den nye telefonen – The New Phone**
1: Telefonen – The Phone     41
2: Urettferdig – Unfair     50

**Kongen – The King**
1: Fred og ro – Peace and Quiet     60
2: Kaos – Chaos     70

**Den lille fuglen – The Little Bird**
1: I redet – In the Nest     80
2: Tørst – Thirsty     88
3: Vannet – The Water     96

**Ekteparet – The Couple**
1: Usunn mat – Unhealthy Food     107
2: Dårlige nyheter – Bad News     116
3: Endre livsstil – Lifestyle Change     124

# Introduction

Learning through stories is one of the most fun and effective ways to learn a language! Stories provide context, which helps with remembering new vocabulary. Stories also teach grammar in a natural way.

Start with learning the new vocabulary. Then read the story. You can start by reading it with English translation, and then read it again in Norwegian only.

If you already know some Norwegian, you can try to read the story in Norwegian only, and look up the words you did not understand afterwards. It's more enjoyable to read with a flow, instead of having constant interruptions.

At the end, you can test yourself with some questions in Norwegian only. The answers will be shown on the following page.

# En ny venn – A New Friend

## Part 1

## Vokabulær – Vocabulary

| | |
|---|---|
| **Spennede** | Exciting |
| **Driver** | Doing |
| **Lurer** | Wondering |
| **Ensom** | Lonely |
| **Rart** | Weird |
| **Klar** | Ready |
| **Pusser** | Brushing |
| **Kjæledyr** | Pet |
| **Skaffe meg** | Get |
| **Bestemmer** | Decides |
| **Dyrebutikk** | Pet store |
| **Skuffet** | Disappointed |
| **Plutselig** | Suddenly |
| **Lapp** | Note |
| **Lyser opp** | Lights up |

# Alene hjemme – Home Alone

Hun sitter og ser på TV. Så leser hun litt i en bok, men den er ikke så spennende. Hun ser ut av vinduet, på menneskene som er der ute. Hva driver naboen med? lurer hun.

*She's sitting and watching TV. Then she reads a little in a book, but it's not that exciting. She looks out the window, at the people who are out there. What is the neighbor doing? she wonders.*

Berit er 80 år gammel og bor alene. Hun føler seg ensom. Som vanlig lager hun middag for en, denne gangen kokte poteter og gulrøtter med fisk.

*Berit is 80 years old and lives alone. She feels lonely. As usual, she makes dinner for one, this time boiled potatoes and carrots with fish.*

På kvelden ser hun på nyhetene. Folk gjør så mye rart, tenker hun. Hun ser på klokka og begynner å gjøre seg klar til å legge seg. Hun pusser tenner, skifter klær, og legger seg i senga. Enda en dag helt alene, tenker hun før hun sovner.

*In the evening she watches the news. People do so many weird things, she thinks. She looks at her watch and begins to get ready to go to bed. She brushes her teeth, changes her clothes, and gets in bed. Another day all alone, she thinks before falling asleep.*

Neste morgen sitter Berit og ser på TV igjen. De viser et program om kjæledyr, og de sier at hunder er menneskets beste venn.

*The next morning, Berit is sitting and watching TV again. They are showing a program about pets, and they say that dogs are man's best friend.*

Hm, jeg trenger en venn, tenker hun. Kanskje jeg burde skaffe meg et kjæledyr? Utenfor vinduet ser hun naboen gå tur med hunden. En hund er alt for mye arbeid. Kanskje en kanin? Etter å ha tenkt en stund bestemmer hun seg for å dra til dyrebutikken.

*Hm, I need a friend, she thinks. Maybe I should get a pet? Outside the window, she sees the neighbor walking the dog. A dog is too much work. Maybe a rabbit? After thinking for a while, she decides to go to the pet store.*

I dyrebutikken ser hun på alle dyrene - snakkende papegøyer, svømmende fisker og søte kaniner. Hun går rundt og ser på dem en stund, men finner ikke et dyr hun vil ha.

*In the pet store she looks at all the animals - talking parrots, swimming fish and cute rabbits. She walks around looking at them for a while, but does not find an animal she wants.*

Berit er skuffet og begynner å gå hjem. På veien hjem ser hun plutselig en interessant lapp hvor det står 'Katt søker nytt hjem'. Øynene til Berit lyser opp: Der har vi det, jeg vil ha en katt! Hun håper en katt vil gjøre henne mindre ensom og hun føler seg glad.

*Berit is disappointed and starts going home. On the way home she suddenly sees an interesting note that says 'Cat looking for a new home'. Berit's eyes light up: That's it, I want a cat! She hopes a cat will make her less lonely and she feels happy.*

# Alene hjemme

Hun sitter og ser på TV. Så leser hun litt i en bok, men den er ikke så spennende. Hun ser ut av vinduet, på menneskene som er der ute. Hva driver naboen med? lurer hun.

Berit er 80 år gammel og bor alene. Hun føler seg ensom. Som vanlig lager hun middag for en, denne gangen kokte poteter og gulrøtter med fisk.

På kvelden ser hun på nyhetene. Folk gjør så mye rart, tenker hun. Hun ser på klokka og begynner å gjøre seg klar til å legge seg. Hun pusser tenner, skifter klær, og legger seg i senga. Enda en dag helt alene, tenker hun før hun sovner.

Neste morgen sitter Berit og ser på TV igjen. De viser et program om kjæledyr, og de sier at hunder er menneskets beste venn. Hm, jeg trenger en venn, tenker hun.

Kanskje jeg burde skaffe meg et kjæledyr? Utenfor vinduet ser hun naboen gå tur med hunden. En hund er alt for mye arbeid. Kanskje en kanin? Etter å ha tenkt en stund bestemmer hun seg for å dra til dyrebutikken.

I dyrebutikken ser hun på alle dyrene - snakkende papegøyer, svømmende fisker og søte kaniner. Hun går rundt og ser på dem en stund, men finner ikke et dyr hun vil ha.

Berit er skuffet og begynner å gå hjem. På veien hjem ser hun plutselig en interessant lapp hvor det står 'Katt søker nytt hjem'. Øynene til Berit lyser opp: Der har vi det, jeg vil ha en katt! Hun håper en katt vil gjøre henne mindre ensom og hun føler seg glad.

# Spørsmål – Questions

**Berit føler seg...**
A. Glad
B. Ensom
C. Spennende

**Hva ser Berit på TV?**
A. Et program om kjæledyr
B. Et rart program
C. Et program om mat

**Hva trenger Berit?**
A. En hund
B. Nye klær
C. En venn

**Hva ser hun i dyrebutikken?**
A. Fisker og kaniner
B. Løver og aper
C. Hunder og katter

**Hvilket dyr vil Berit ha?**
A. En kanin
B. En katt
C. En papegøye

# Svar – Answers

**Berit føler seg...**
A. Glad
**B. Ensom**
C. Spennende

**Hva ser Berit på TV?**
**A. Et program om kjæledyr**
B. Et rart program
C. Et program om mat

**Hva trenger Berit?**
A. En hund
B. Nye klær
**C. En venn**

**Hva ser hun i dyrebutikken?**
**A. Fisker og kaniner**
B. Løver og aper
C. Hunder og katter

**Hvilket dyr vil Berit ha?**
A. En kanin
**B. En katt**
C. En papegøye

# Part 2

## Vokabulær – Vocabulary

| | |
|---|---|
| **Ukjent** | Unknown |
| **Trykker** | Presses |
| **Ringeklokka** | Doorbell |
| **Allergisk** | Allergic |
| **Invitert** | Invited |
| **Forsiktig** | Carefully |
| **Klappe** | Pet |
| **Vennskap** | Friendship |
| **Bur** | Cage |
| **Fang** | Lap |
| **Fornøyd** | Satisfied |
| **Selskap** | Company |
| **Hjemover** | Towards home |
| **Gjennom** | Through |
| **Leter** | Looking |

## Det første møtet – The First Meeting

Berit står utenfor døra til en ukjent person. Hun trykker på ringeklokka, og ut kommer en hyggelig mann. Sønnen hans har blitt allergisk mot katten deres, så de må dessverre gi den bort.

*Berit is standing outside the door of an unknown person. She rings the bell, and out comes a nice man. His son has become allergic to their cat, so unfortunately they have to give it away.*

Berit blir invitert inn i stua, hvor det sitter en vakker svart katt. Katten kommer forsiktig mot henne og hun begynner å klappe den.

*Berit is invited into the living room, where a beautiful black cat is sitting. The cat comes carefully towards her and she starts petting it.*

Berit smiler og tenker at dette er starten på et vakkert vennskap. Den hyggelige mannen putter katten i et bur og gir det til Berit. Han ser litt trist ut og håper katten får det fint i sitt nye hjem.

*Berit smiles and thinks that this is the start of a beautiful friendship. The nice man puts the cat in a cage and gives it to Berit. He looks a bit sad and hopes the cat will be fine in it's new home.*

Hjemme igjen har Berit allerede kjøpt mange ting til katten; mat, leker og en seng. Katten ser seg forsiktig omkring og leker litt med lekene.

*Back home, Berit has already bought many things for the cat; food, toys and a bed. The cat looks around carefully and plays a little with the toys.*

Etter en stund setter den seg i fanget til Berit og de ser på TV sammen. Hun er så vakker, synes Berit, så hun kaller henne Bella.

*After a while, it sits in Berit's lap and they watch TV together. She is so beautiful, Berit thinks, so she calls her Bella.*

Berit lager fisk til middag igjen, men denne gangen lager hun litt ekstra for Bella. På slutten av dagen legger Berit seg i sin store seng, mens Bella ligger i sin lille seng.
«Det er så fint å ha litt selskap,» sier Berit.
I dag sovner hun glad og fornøyd.

*Berit makes fish for dinner again, but this time she makes a little extra for Bella. At the end of the day, Berit lies down in her big bed, while Bella lies in her small bed.*
*"It's so nice to have some company," says Berit.*
*Today she falls asleep happy and satisfied.*

Katten liker sitt nye hjem, men hun liker også å være mye ute. Hver dag ser Berit katten komme hjemover gjennom vinduet. Bella kommer alltid hjem til middag! Berit er veldig glad for at hun ikke spiser alene lenger.

*The cat likes her new home, but she also likes to be outside a lot. Every day Berit sees the cat coming home through the window. Bella always comes home for dinner! Berit is very happy that she no longer eats alone.*

En dag er det kaldt, men Bella går fortsatt ut. Berit er hjemme og rydder huset. Ved middagstid ser hun ut av vinduet. Kommer ikke Bella snart?

*One day it's cold, but Bella still goes out. Berit is home tidying the house. At dinnertime she looks out the window. Isn't Bella coming soon?*

Berit begynner å gå frem og tilbake i kjøkkenet. En time senere er middagen kald, og Berit sitter fortsatt og ser ut av vinduet. Det regner. Hun tar på seg regnjakken og går ut.

*Berit starts walking back and forth in the kitchen. An hour later, the dinner is cold, and Berit is still sitting and looking out the window. It's raining. She puts on her rain jacket and goes out.*

«Bella?» roper hun. «Hvor er du?»
Hun spør folk som går forbi om de har sett en svart katt, men ingen har sett henne. Hun leter og leter, men ingen Bella. Til slutt går hun hjem.

*"Bella?" she shouts. "Where are you?"*
*She asks people passing by if they have seen a black cat, but no one has seen her. She looks and looks, but no Bella. Finally she goes home.*

I natt er hun alene igjen. På soverommet ser hun den lille tomme senga til Bella, og begynner å gråte. Hun sover dårlig denne natten.

*Tonight she is alone again. In the bedroom she sees Bella's little empty bed and starts crying. She sleeps badly this night.*

## Det første møtet

Berit står utenfor døra til en ukjent person. Hun trykker på ringeklokka, og ut kommer en hyggelig mann. Sønnen hans har blitt allergisk mot katten deres, så de må dessverre gi den bort.

Berit blir invitert inn i stua, hvor det sitter en vakker svart katt. Katten kommer forsiktig mot henne og hun begynner å klappe den. Berit smiler og tenker at dette er starten på et vakkert vennskap.

Den hyggelige mannen putter katten i et bur og gir det til Berit. Han ser litt trist ut og håper katten får det fint i sitt nye hjem.

Hjemme igjen har Berit allerede kjøpt mange ting til katten; mat, leker og en seng. Katten ser seg forsiktig omkring og leker litt med lekene.

Etter en stund setter den seg i fanget til Berit og de ser på TV sammen. Hun er så vakker, synes Berit, så hun kaller henne Bella.

Berit lager fisk til middag igjen, men denne gangen lager hun litt ekstra for Bella. På slutten av dagen legger Berit seg i sin store seng, mens Bella ligger i sin lille seng.
«Det er så fint å ha litt selskap,» sier Berit.
I dag sovner hun glad og fornøyd.

Katten liker sitt nye hjem, men hun liker også å være mye ute. Hver dag ser Berit katten komme hjemover gjennom vinduet. Bella kommer alltid hjem til middag! Berit er veldig glad for at hun ikke spiser alene lenger.

En dag er det kaldt, men Bella går fortsatt ut. Berit er hjemme og rydder huset. Ved middagstid ser hun ut av vinduet. Kommer ikke Bella snart?

Berit begynner å gå frem og tilbake i kjøkkenet. En time senere er middagen kald, og Berit sitter fortsatt og ser ut av vinduet. Det regner. Hun tar på seg regnjakken og går ut.

«Bella?» roper hun. «Hvor er du?»

Hun spør folk som går forbi om de har sett en svart katt, men ingen har sett henne. Hun leter og leter, men ingen Bella. Til slutt går hun hjem.

I natt er hun alene igjen. På soverommet ser hun den lille tomme senga til Bella, og begynner å gråte. Hun sover dårlig denne natten.

## Spørsmål – Questions

**Hva trykker Berit på?**
A. Døra
B. Ringeklokka
C. Kontrollen

**Hvorfor gir den ukjente mannen bort katten?**
A. Fordi sønnen er allergisk
B. Fordi kona ikke liker katten
C. Fordi katten ikke vil bo der

**Hvor putter mannen katten?**
A. I sofaen
B. I et bur
C. I bilen

**Hvor pleier Berit å se på katten?**
A. Gjennom vinduet
B. Forbi døra
C. Utenfor stua

**Hva gjør Berit når Bella ikke kommer hjem?**
A. Hun finner Bella
B. Hun er fornøyd
C. Hun leter etter Bella

# Svar – Answers

**Hva trykker Berit på?**
A. Døra
**B. Ringeklokka**
C. Kontrollen

**Hvorfor gir den ukjente mannen bort katten?**
**A. Fordi sønnen er allergisk**
B. Fordi kona ikke liker katten
C. Fordi katten ikke vil bo der

**Hvor putter mannen katten?**
A. I sofaen
**B. I et bur**
C. I bilen

**Hvor pleier Berit å se på katten?**
**A. Gjennom vinduet**
B. Forbi døra
C. Utenfor stua

**Hva gjør Berit når Bella ikke kommer hjem?**
A. Hun finner Bella
B. Hun er fornøyd
**C. Hun leter etter Bella**

# Part 3

## Vokabulær – Vocabulary

| | |
|---|---|
| **Fortsatt** | Still |
| **Henger** | Hangs |
| **Mistet** | Lost |
| **Stille** | Quiet |
| **Finner** | Finds |
| **Be** | Ask |
| **Ganske** | Very |
| **Hverandre** | Each other |
| **Plutselig** | Suddenly |
| **Roper** | Shouts |
| **Koser** | Cuddles |
| **Skjønner** | Understands |
| **Jeg aner ikke** | I have no idea |
| **Mystisk** | Mysterious |
| **Klem** | Hug |

# Hvor er hun? – Where Is She?

Neste morgen er hun fortsatt alene. Hvor kan hun være? tenker hun. Hva kan ha skjedd? Jeg kan ikke bare sitte her og ikke gjøre noen ting. Berit går ut igjen og setter opp lapper hvor det står: Har du sett katten min? En dame ser på Berit mens hun henger opp en av lappene.

*The next morning she is still alone. Where can she be? she thinks. What could have happened? I can't just sit here and do nothing. Berit goes out again and puts up notes that say: Have you seen my cat? A lady looks at Berit as she hangs up one of the notes.*

«Har du mistet katten din?» spør damen.
«Ja, har du sett den? Den er helt svart,» svarer Berit.

*"Have you lost your cat?" asks the lady.*
*'Yes, have you seen it? It's completely black," Berit answers.*

«Nei, dessverre. Jeg mistet også katten min for litt siden.» Damen blir stille og ser ned.
«Huff, så trist! Jeg vet hvordan det føles.»
«Ja... Hvis du vil kan jeg hjelpe deg med å lete?»
«Ja takk, det er veldig snilt av deg!»

*"No, unfortunately. I also lost my cat a while ago." The lady becomes quiet and looks down.*
*"Aaw, so sad! I know how it feels."*
*"Yes... If you want I can help you search?"*
*"Yes, thank you, that's very kind of you!"*

De leter på veien, i skogen og rundt husene. Til slutt sitter de foran huset til Berit. De er slitne.

*They look on the road, in the woods and around the houses. Finally, they sit in front of Berit's house. They are tired.*

«Takk for at du hjalp meg med å lete,» sier Berit.
«Jeg håper du finner katten din,» svarer damen.
«Og jeg håper du finner din.» De gir hverandre et smil.

*"Thank you for helping me look," says Berit.*
*"I hope you find your cat," the lady replies.*
*"And I hope you find yours." They give each other a smile.*

«Kan jeg be deg på en kopp kaffe som takk for hjelpen?»
«Ja gjerne, jeg er ganske tørst!»

*"Can I ask you in for a cup of coffee as a thank you for your help?"*
*"Yes sure, I'm pretty thirsty!"*

De drikker kaffe og møter hverandre neste dag for å lete videre. De lager middag sammen og snakker om kattene sine. Damen heter Kari og er 70 år gammel.

*They drink coffee and meet each other the next day to look further. They make dinner together and talk about their cats. The lady's name is Kari and she is 70 years old.*

«Jeg føler meg ensom uten katten min,» sier Kari.

«Du også?» svarer Berit. «Det var derfor jeg fikk meg en katt.»

De ser på hverandre og smiler.

*"I feel lonely without my cat," says Kari.*

*"You too?" Berit answers. "That's why I got a cat."*

*They look at each other and smile.*

Plutselig ser Berit Bella i vinduet! Ved siden av Bella står det en annen katt.

«Katten min!» roper begge damene samtidig. De ser rart på hverandre, før de løper ut til kattene sine. De koser og klemmer dem, og ser på dem om de har det bra.

*Suddenly Berit sees Bella in the window! Next to Bella stands another cat.*
*"My cat!" both the ladies shout at the same time. They look at each other strangely, before running out to their cats. They cuddle and hug them, and look at them if they are okay.*

«De ser helt fine ut,» sier Kari.
«Nå skjønner jeg ingenting,» sier Berit.
«Hva gjør du kattene våre sammen?»

*"They look absolutely fine," says Kari.*
*"Now I don't understand anything," says Berit.*
*"What are our cats doing together?"*

«Jeg aner ikke... Dette er veldig mystisk.»

De begynner å le begge to.

«Ja, ja, vi får vel aldri vite hva som har skjedd. Jeg er bare glad jeg har fått katten min tilbake! Og en god ny venn...»

*"I have no idea ... This is very mysterious." They both start laughing.*

*"Yes, yes, we will probably never know what happened. I'm just glad I got my cat back! And a good new friend..."*

De smiler og gir hverandre en klem. Berit ser på sine tre nye venner – hun er ikke ensom lenger.

*They smile and give each other a hug. Berit looks at her three new friends – she is not lonely anymore.*

## Hvor er hun?

Neste morgen er hun fortsatt alene. Hvor kan hun være? tenker hun. Hva kan ha skjedd? Jeg kan ikke bare sitte her og ikke gjøre noen ting. Berit går ut igjen og setter opp lapper hvor det står: Har du sett katten min? En dame ser på Berit mens hun henger opp en av lappene.

«Har du mistet katten din?» spør damen.
«Ja, har du sett den? Den er helt svart,» svarer Berit.
«Nei, dessverre. Jeg mistet også katten min for litt siden.» Damen blir stille og ser ned.
«Huff, så trist! Jeg vet hvordan det føles.»
«Ja... Hvis du vil kan jeg hjelpe deg med å lete?»
«Ja takk, det er veldig snilt av deg!»

De leter på veien, i skogen og rundt husene. Til slutt sitter de foran huset til Berit. De er slitne.

«Takk for at du hjalp meg med å lete,» sier Berit.

«Jeg håper du finner katten din,» svarer damen.

«Og jeg håper du finner din.» De gir hverandre et smil.

«Kan jeg be deg på en kopp kaffe som takk for hjelpen?»

«Ja gjerne, jeg er ganske tørst!»

De drikker kaffe og møter hverandre neste dag for å lete videre. De lager middag sammen og snakker om kattene sine. Damen heter Kari og er 70 år gammel.

«Jeg føler meg ensom uten katten min,» sier Kari.

«Du også?» svarer Berit. «Det var derfor jeg fikk meg en katt.» De ser på hverandre og smiler.

Plutselig ser Berit Bella i vinduet! Ved siden av Bella står det en annen katt.

«Katten min!» roper begge damene samtidig. De ser rart på hverandre, før de løper ut til kattene sine. De koser og klemmer dem, og ser på dem om de har det bra.

«De ser helt fine ut,» sier Kari.
«Nå skjønner jeg ingenting,» sier Berit.
«Hva gjør du kattene våre sammen?»
«Jeg aner ikke... Dette er veldig mystisk.»
De begynner å le begge to.
«Ja, ja, vi får vel aldri vite hva som har skjedd. Jeg er bare glad jeg har fått katten min tilbake! Og en god ny venn...»

De smiler og gir hverandre en klem. Berit ser på sine tre nye venner – hun er ikke ensom lenger.

# Spørsmål – Questions

**Hva gjør Berit med lappene?**
A. Hun kaster dem
B. Hun finner dem
C. Hun henger dem opp

**Hvor er katten til Kari?**
A. Kari har mistet den
B. Den er hjemme
C. Kari gir den til Berit

**Berit ... Kari på kaffe**
A. Ber
B. Koser
C. Lurer

**Hvor var kattene?**
A. I skogen
B. Hjemme
C. Aner ikke

**Hva gjør damene når de ser kattene?**
A. Roper på dem
B. Koser med dem
C. Snakker med dem

# Svar – Answers

**Hva gjør Berit med lappene?**
A. Hun kaster dem
B. Hun finner dem
**C. Hun henger dem opp**

**Hvor er katten til Kari?**
**A. Kari har mistet den**
B. Den er hjemme
C. Kari gir den til Berit

**Berit ... Kari på kaffe**
**A. Ber**
B. Koser
C. Lurer

**Hvor var kattene?**
A. I skogen
B. Hjemme
**C. Aner ikke**

**Hva gjør damene når de ser kattene?**
A. Roper på dem
**B. Koser med dem**
C. Snakker med dem

# Den nye telefonen – The New Phone

## Part 1

### Vokabulær – Vocabulary

| | |
|---|---|
| **Stirrer** | Staring |
| **Overrasket** | Surprised |
| **Positiv** | Positive |
| **Drev** | Doing |
| **Bakken** | The ground |
| **Glem** | Forget |
| **Går bortover** | Walking along |
| **Butikkene** | The stores |
| **Teknologien** | The technology |
| **Forrige** | Previous |
| **Motvillig** | Reluctant |
| **Overdriver** | Exaggerating |
| **Selger** | Salesperson |
| **Kun** | Only |
| **Råd til** | Afford |

## Telefonen – The Phone

«Du stirrer alltid på telefonen din. La oss gjøre noe gøy sammen!» sier faren.
«Kult!» sier sønnen.
Faren blir overrasket over det positive svaret og spør: «Hva har du lyst til å gjøre?»
Sønnen ser opp fra telefonen sin.
«Hm, hva sa du? Jeg drev og spilte på mobilen min.»

*"You're always staring at your phone. Let's do something fun together!" says the father.*
*"Cool!" says the son.*
*The father is surprised by the positive answer and asks: "What do you want to do?"*
*The son looks up from his phone.*
*"Hm, what did you say? I was playing on my phone."*

Faren ser ned i bakken. Det var for godt til å være sant. «Glem det...»

*The father looks down at the ground. It was too good to be true. "Forget it..."*

De går bortover veien og ser plutselig mange folk som står i kø. Faren lurer på hva som skjer.
«Se, den nye telefonen er ute i butikkene!» roper sønnen.
Å ja, er det derfor sønnen min plutselig ville gå ut på tur med meg, tenker faren.

*They walk across the road and suddenly see many people standing in line. The father wonders what's going on.*
*"Look, the new phone is out in the stores!" shouts the son.*
*Oh, is that why my son suddenly wanted to go out for a walk with me, the father thinks.*

«Den er kjempebra!» sier sønnen.

«Det var den forrige mobilen din også,» svarer faren.

«Men denne har har all den nyeste teknologien!»

«Det hadde den forrige også…»

*"It's awesome!" says the son.*

*"Your previous cell phone was that too," the father replies.*

*"But this one has all the latest technology!"*

*"The previous one had that too…"*

«La oss gå inn og se på den!»

Faren blir motvillig med inn.

*"Let's go in and look at it!"*

*The father reluctantly goes in with him.*

Sønnen stirrer på den nye mobilen.
«Wow, den er kjempefin!»
«Du overdriver,» sier faren.

*The son stares at the new mobile phone.*
*"Wow, it's really nice!"*
*"You're exaggerating," says the father.*

Det kommer en selger bort til dem og spør om de er interessert i telefonen. Den koster kun 10 000 kroner. Sønnen er selvfølgelig interessert, men faren sier at de ikke har råd til det. Sønnen blir sur og irritert.

*A salesperson comes to them and asks if they are interested in the phone. It only costs 10,000 kroner. The son is interested of course, but the father says that they can't afford it. The son becomes angry and irritated.*

# Telefonen

«Du stirrer alltid på telefonen din. La oss gjøre noe gøy sammen!» sier faren.

«Kult!» sier sønnen.

Faren blir overrasket over det positive svaret og spør: «Hva har du lyst til å gjøre?»

Sønnen ser opp fra telefonen sin.

«Hm, hva sa du? Jeg drev og spilte på mobilen min.»

Faren ser ned i bakken. Det var for godt til å være sant. «Glem det…»

De går bortover veien og ser plutselig mange folk som står i kø. Faren lurer på hva som skjer.

«Se, den nye telefonen er ute i butikkene!» roper sønnen.

Å ja, er det derfor sønnen min plutselig ville gå ut på tur med meg, tenker faren.

«Den er kjempebra!» sier sønnen.

«Det var den forrige mobilen din også,» svarer faren.

«Men denne har har all den nyeste teknologien!»

«Det hadde den forrige også...»

«La oss gå inn og se på den!»

Faren blir motvillig med inn.

Sønnen stirrer på den nye mobilen.

«Wow, den er kjempefin!»

«Du overdriver,» sier faren.

Det kommer en selger bort til dem og spør om de er interessert i telefonen. Den koster kun 10 000 kroner. Sønnen er selvfølgelig interessert, men faren sier at de ikke har råd til det. Sønnen blir sur og irritert.

## Spørsmål – Questions

**Hva gjør sønnen hele tiden?**
A. Går på tur med faren
B. Stirrer i bakken
C. Stirrer på telefonen

**De går … veien**
A. Fremover
B. Bortover
C. Bakover

**Hvorfor står folk i kø?**
A. Det har kommet en ny telefon
B. De skal kjøpe billetter
C. Det er bra tilbud

**Den nye telefonen...**
A. Har nytt kamera
B. Er på tilbud
C. Har bra teknologi

**Hvem kommer til dem i butikken?**
A. En venn
B. En selger
C. En kelner

# Svar – Answers

**Hva gjør sønnen hele tiden?**
A. Går på tur med faren
B. Stirrer i bakken
**C. Stirrer på telefonen**

**De går ... veien**
A. Fremover
**B. Bortover**
C. Bakover

**Hvorfor står folk i kø?**
**A. Det har kommet en ny telefon**
B. De skal kjøpe billetter
C. Det er bra tilbud

**Den nye telefonen...**
A. Har nytt kamera
B. Er på tilbud
**C. Har bra teknologi**

**Hvem kommer til dem i butikken?**
A. En venn
**B. En selger**
C. En kelner

# Part 2

## Vokabulær – Vocabulary

| | |
|---|---|
| **Humør** | Mood |
| **Urettferdig** | Unfair |
| **Heldige** | Lucky |
| **Trenger** | Need |
| **Sammenligne** | Compare |
| **Merker** | Notices |
| **Galt** | Wrong |
| **Nølende** | Hesitantly |
| **Sjalu** | Jealous |
| **Vanlig** | Regular |
| **Oftere** | More often |
| **Samvittighet** | Conscience |
| **Oppført** | Behaved |
| **Finne på noe** | Do something |
| **Forvirret** | Confused |

## Urettferdig – Unfair

Ute av butikken igjen er sønnen i dårlig humør.
«Det er urettferdig, vennen min skal få den!»
«Nei, det er det ikke. Vi er heldige som har alt vi trenger. Ikke alle har det. Faren til vennen din er rik, så slutt å sammenligne deg selv med han.»

*Out of the store again, the son is in a bad mood.*
*"It's unfair, my friend is getting it!"*
*"No, it's not. We're lucky we have everything we need. Not everyone has that. Your friend's father is rich, so stop comparing yourself to him."*

Plutselig kommer vennen hans gående bortover! De hilser på hverandre, og faren går hjemover.

*Suddenly his friend comes walking along! They greet each other, and the father goes homeward.*

Vennen merker at noe er galt.

«Hva er galt?» spør han forsiktig.

«Ingenting... Faren min ville ikke kjøpe den nye telefonen,» svarer sønnen nølende.

«Jeg har den. Du kan låne min.»

«Eh, takk...» Han gir vennen et lite smil, men føler seg sjalu.

*The friend notices that something is wrong.*

*"What's wrong?" he asks cautiously.*

*"Nothing... My dad did not want to buy the new phone," the son answers hesitantly.*

*"I have it. You can borrow mine."*

*"Um, thank you..." He gives his friend a little smile, but feels jealous*

«Det er bare en vanlig telefon,» fortsetter vennen.

*"It's just a regular phone," the friend continues.*

«Jeg synes den er kul. Du er heldig faren din er rik. Du får alltid de nyeste og kuleste tingene!»
«Vel, han er på jobb hele tiden. Jeg skulle ønske jeg så han oftere, slik du får sett din far. Faren din er så kul!»

*"I think it's cool. You are lucky your father is rich. You always get the newest and coolest things!"*
*"Well, he's at work all the time. I wish I saw him more often, like you get to see your father. Your dad is so cool!"*

«Å ja...» Sønnen får dårlig samvittighet for hvordan han har oppført seg mot faren.

*"Oh..." The son gets a bad conscience about how he has behaved towards his father.*

«Du har rett, faren min er ganske kul. Jeg fikk plutselig lyst til å finne på noe med han. Har du lyst til å bli med?»

Vennen blir veldig glad, og de begynner å løpe bortover veien. Etter en stund ser de faren.

*"You're right, my father is pretty cool. I suddenly feel like doing something with him. Do you want to join?"*

*The friend becomes very happy, and they start running along the road. After a while, they see the father.*

«Pappa, jeg er så glad for å se deg!» sier sønnen smilende.

«Er du?» spør faren forvirret.

*"Dad, I'm so glad to see you!" says the son smiling.*

*"Are you?" asks the father confused.*

«Du hadde rett angående alt. La oss finne på noe hyggelig sammen!»

*"You were right about everything. Let's do something nice together!"*

Faren ser forvirret på vennen, som smiler. Faren begynner også å smile, og sammen går de smilende bortover veien.

*The father looks confused at the friend, who is smiling. The father also begins to smile, and together they walk smilingly along the road.*

## Urettferdig

Ute av butikken igjen er sønnen i dårlig humør.
«Det er urettferdig, vennen min skal få den!»
«Nei, det er det ikke. Vi er heldige som har alt vi trenger. Ikke alle har det. Faren til vennen din er rik, så slutt å sammenligne deg selv med han.»

Plutselig kommer vennen hans gående bortover! De hilser på hverandre, og faren går hjemover. Vennen merker at noe er galt.

«Hva er galt?» spør han forsiktig.
«Ingenting... Faren min ville ikke kjøpe den nye telefonen,» svarer sønnen nølende.
«Jeg har den. Du kan låne min.»
«Eh, takk...» Han gir vennen et lite smil, men føler seg sjalu.

«Det er bare en vanlig telefon,» fortsetter vennen.
«Jeg synes den er kul. Du er heldig faren din er

rik. Du får alltid de nyeste og kuleste tingene!»

«Vel, han er på jobb hele tiden. Jeg skulle ønske jeg så han oftere, slik du får sett din far. Faren din er så kul!»

«Å ja…» Sønnen får dårlig samvittighet for hvordan han har oppført seg mot faren.

«Du har rett, faren min er ganske kul. Jeg fikk plutselig lyst til å finne på noe med han. Har du lyst til å bli med?»

Vennen blir veldig glad, og de begynner å løpe bortover veien. Etter en stund ser de faren.

«Pappa, jeg er så glad for å se deg!» sier sønnen smilende.

«Er du?» spør faren forvirret.

«Du hadde rett angående alt. La oss finne på noe hyggelig sammen!»

Faren ser forvirret på vennen, som smiler. Faren begynner også å smile, og sammen går de smilende bortover veien.

# Spørsmål – Questions

**Hvorfor er sønnen i dårlig humør?**
A. Fordi han får en ny telefon
B. Fordi vennen hans får en ny telefon
C. Fordi den nye telefonen ikke er på tilbud

**Hva sier faren?**
A. Slutt å sammenligne
B. Det er urettferdig
C. Slutt å være i dårlig humør

**Sønnen sier takk til vennen, men føler seg...**
A. Glad
B. Trist
C. Sjalu

**Hvorfor vil sønnen plutselig finne på noe med faren sin?**
A. Fordi han er forvirret
B. Fordi han er i dårlig humør
C. Fordi han har dårlig samvittighet

**Hvordan føler faren seg når sønnen kommer til han?**
A. Forvirret
B. Sint
C. Sjalu

# Svar – Answers

**Hvorfor er sønnen i dårlig humør?**
A. Fordi han får en ny telefon
**B. Fordi vennen hans får en ny telefon**
C. Fordi den nye telefonen ikke er på tilbud

**Hva sier faren?**
**A. Slutt å sammenligne**
B. Det er urettferdig
C. Slutt å være i dårlig humør

**Sønnen sier takk til vennen, men føler seg...**
A. Glad
B. Trist
**C. Sjalu**

**Hvorfor vil sønnen plutselig finne på noe med faren sin?**
A. Fordi han er forvirret
B. Fordi han er i dårlig humør
**C. Fordi han har dårlig samvittighet**

**Hvordan føler faren seg når sønnen kommer til han?**
**A. Forvirret**
B. Sint
C. Sjalu

# Kongen – The King
# Part 1
## Vokabulær – Vocabulary

| | |
|---|---|
| **Unna** | Away |
| **Rikdom** | Wealth |
| **Ærlig** | Honest |
| **Fred og ro** | Peace and quiet |
| **Forstyrret** | Disturbed |
| **Lyn** | Lightning |
| **Satte i gang** | Started |
| **Brann** | Fire |
| **Spredte** | Spread |
| **Førte til** | Lead to |
| **Slukke** | Put out |
| **Ødeleggelse** | Damage |
| **Slott** | Castle |
| **Bakke** | Hill |
| **Skrike** | Scream |

# Fred og ro – Peace and Quiet

På et sted langt, langt unna bodde det en stor konge. Han hadde mye rikdom, og landet hans var stort. Han var en ærlig og god konge, og folket elsket han.

*In a place far, far away lived a great king. He had a lot of wealth, and his country was large. He was an honest and good king, and the people loved him.*

Alle i landet hadde alt de trengte, og de levde sammen i fred og ro.

*Everyone in the country had everything they needed, and they lived together in peace and quiet.*

En dag ble roen deres forstyrret av en storm. Lynet slo ned i bakken og satte i gang store branner. Brannene spredte seg raskt og alle prøvde å slukke dem.

*One day their calm was disturbed by a storm. The lightning struck the ground and started large fires. The fires spread quickly and everyone tried to put them out.*

Etter en stund fikk de slukket brannene. Det var mye ødeleggelse mange steder, og folk var triste.

*After a while, they were able to put out the fires. There was a lot of destruction in many places and people were sad.*

En dame mistet huset sitt.

«Hva skal jeg gjøre nå? Jeg og mine tre barn har ikke noe sted å bo,» sa hun.

«Du burde dra til kongen. Han vil sikkert hjelpe deg,» sa vennen hennes.

*A lady lost her house.*
*"What should I do now? Me and my three children have no place to live," she said.*
*"You should go to the king. He will surely help you," said her friend.*

For å komme til slottet måtte damen med de tre barna gå langt. Hun måtte gjennom en stor skog og opp en lang bakke. Til slutt kom hun frem til slottet.

*To get to the castle, the lady with the three children had to walk far. She had to go through a large forest and up a long hill. Finally she arrived at the castle.*

«Jeg håper alt er bra med dere?» spurte kongen.
«Nei, herr Konge. Jeg mistet huset mitt i brannen, og jeg har tre barn. Kan du hjelpe meg?» spurte hun trist.
«Selvfølgelig! Vær så god, her har du fem millioner!»
Damen smilte av glede, det var mange penger!


*"I hope everything is fine with you?" asked the king.*
*"No, Mr. King. I lost my house in the fire, and I have three children. Can you help me?" she asked sadly.*
*"Of course! Here you go, here's five million!" The lady smiled with joy, it was a lot of money!*

Damen og barna var nå i bedre humør. De begynte å gå hjemover, ned bakken og inn i skogen. Putselig så de noe: «Hjelp!» begynte de å skrike!

*The lady and the children were now in a better mood. They started walking home, down the hill and into the woods. Suddenly they saw something: "Help!" they started screaming!*

# Fred og ro

På et sted langt, langt unna bodde det en stor konge. Han hadde mye rikdom, og landet hans var stort. Han var en ærlig og god konge, og folket elsket han. Alle i landet hadde alt de trengte, og de levde sammen i fred og ro.

En dag ble roen deres forstyrret av en storm. Lynet slo ned i bakken og satte i gang store branner. Brannene spredte seg raskt og alle prøvde å slukke dem.

Etter en stund fikk de slukket brannene. Det var mye ødeleggelse mange steder, og folk var triste. En dame mistet huset sitt.
«Hva skal jeg gjøre nå? Jeg og mine tre barn har ikke noe sted å bo,» sa hun.
«Du burde dra til kongen. Han vil sikkert hjelpe deg,» sa vennen hennes.

For å komme til slottet måtte damen med de tre barna gå langt. Hun måtte gjennom en stor skog og opp en lang bakke. Til slutt kom hun frem til slottet.

«Jeg håper alt er bra med dere?» spurte kongen.

«Nei, herr Konge. Jeg mistet huset mitt i brannen, og jeg har tre barn. Kan du hjelpe meg?» spurte hun trist.

«Selvfølgelig! Vær så god, her har du fem millioner!»

Damen smilte av glede, det var mange penger!

Damen og barna var nå i bedre humør. De begynte å gå hjemover, ned bakken og inn i skogen. Putselig så de noe: «Hjelp!» begynte de å skrike!

## Spørsmål – Questions

**Hva hadde kongen mye av?**
A. Brann
B. Rikdom
C. Slott

**Hva forstyrret freden og roen?**
A. Skrike
B. Ærlig
C. Lyn

**Brannene førte til...**
A. Ødeleggelse
B. Slukke
C. Bakke

**For å komme til slottet måtte damen og barna...**
A. Gjennom snø
B. Opp en bakke
C. Forbi et hus

**Hva fikk damen av kongen?**
A. Et nytt hus
B. Penger
C. Et skrik

## Svar – Answers

**Hva hadde kongen mye av?**
A. Brann
**B. Rikdom**
C. Slott

**Hva forstyrret freden og roen?**
A. Skrike
B. Ærlig
**C. Lyn**

**Brannene førte til...**
**A. Ødeleggelse**
B. Slukke
C. Bakke

**For å komme til slottet måtte damen og barna...**
A. Gjennom snø
**B. Opp en bakke**
C. Forbi et hus

**Hva fikk damen av kongen?**
A. Et nytt hus
**B. Penger**
C. Et skrik

# Part 2

## Vokabulær – Vocabulary

| | |
|---|---|
| **Kaos** | Chaos |
| **Monstre** | Monsters |
| **Onde** | Evil |
| **Samlet** | Gathered |
| **Vakt** | Guard |
| **Lilla** | Purple |
| **Vesen** | Creature |
| **Slimete** | Slimy |
| **Ekkel** | Disgusting |
| **Nervøs** | Nervous |
| **Angripe** | Attack |
| **Fredelig** | Peaceful |
| **Uvær** | Storm |
| **Bygge** | Build |
| **Lykkelig** | Happy |

## Kaos – Chaos

«Hjelp, monstre!» ropte de. Moren og de tre barna løp så fort de kunne, tilbake til slottet. Denne gangen var det kaos på slottet. Det var fullt av redde folk som sa at de hadde sett onde monstre i skogen.

*"Help, monsters!" they shouted. The mother and the three children ran as fast as they could, back to the castle. This time there was chaos in the castle. It was full of scared people who said they had seen evil monsters in the forest.*

Kongen visste ikke helt hva han skulle tro. Det finnes vel ikke monstre? Han samlet vaktene, og sammen begynte de å gå til skogen.

*The king did not quite know what to believe. There are no monsters, right? He gathered the guards, and together they began to go to the forest.*

Da de var fremme så kongen noe han aldri hadde sett før; lilla og blå vesener med tre øyne! De var slimete og ekle, og vaktene ble nervøse.

*When they arrived, the king saw something he had never seen before; purple and blue creatures with three eyes! They were slimy and disgusting, and the guards became nervous.*

«Skal vi angripe herr Konge? Vi er mange flere enn dem,» sa en av vaktene.
«Hold dere rolige! Vi prøver å snakke med dem først,» sa den kloke kongen. Han syntes monstrene virket fredelige.

*"Shall we attack Mr. King? We are many more than them," said one of the guards.*
*"Keep calm! We'll try talking to them first," said the wise king. He thought the monsters seemed peaceful.*

«Dere lager kaos i mitt land! Hvorfor er dere her?» spurte kongen.
«Vi er fredelige, herr Konge! Vi hadde et uvær med lyn som førte til at hjemmene våre brant ned. Vi har kommet til disse skogene for å finne et sted å bo,» sa en av monstrene.

*"You are creating chaos in my country! Why are you here?" asked the king.*
*"We are peaceful, Mr. King! We had a storm with lightning that caused our homes to burn down. We have come to these forests to find a place to live," said one of the monsters.*

Kongen hadde rett. De var fredelige. Han sa til monstrene at de var velkomne, og at de skulle få hjelp av vaktene til å bygge nye hus.

*The king was right. They were peaceful. He told the monsters that they were welcome and that they would get help from the guards to build new houses.*

Vaktene var nervøse i starten, men etter hvert skjønte de også at monstrene var fredelige. Etter noen uker hadde både folket i landet og monstrene et sted å bo igjen.

*The guards were nervous at first, but eventually they also realized that the monsters were peaceful. After a few weeks, both the people of the land and the monsters had a place to live again.*

Moren og de tre barna var lykkelige, monstrene var lykkelige, og kongen var lykkelig for at alle var lykkelige. De var som en stor, lykkelig familie! Og de levde lykkelig alle sine dager.

*The mother and the three children were happy, the monsters were happy, and the king was happy that everyone was happy. They were like one big, happy family! And they lived happily ever after.*

# Kaos

«Hjelp, monstre!» ropte de.

Moren og de tre barna løp så fort de kunne, tilbake til slottet. Denne gangen var det kaos på slottet. Det var fullt av redde folk som sa at de hadde sett onde monstre i skogen.

Kongen visste ikke helt hva han skulle tro. Det finnes vel ikke monstre? Han samlet vaktene, og sammen begynte de å gå til skogen. Da de var fremme så kongen noe han aldri hadde sett før; lilla og blå vesener med tre øyne! De var slimete og ekle, og vaktene ble nervøse.

«Skal vi angripe herr Konge? Vi er mange flere enn dem» sa en av vaktene.
«Hold dere rolige! Vi prøver å snakke med dem først,» sa den kloke kongen. Han syntes monstrene virket fredelige.

«Dere lager kaos i mitt land! Hvorfor er dere her?» spurte kongen.

«Vi er fredelige, herr Konge! Vi hadde et uvær med lyn som førte til at hjemmene våre brant ned. Vi har kommet til disse skogene for å finne et sted å bo.» sa en av monstrene.

Kongen hadde rett. De var fredelige. Han sa til monstrene at de var velkomne, og at de skulle få hjelp av vaktene til å bygge nye hus. Vaktene var nervøse i starten, men etter hvert skjønte de også at monstrene var fredelige. Etter noen uker hadde både folket i landet og monstrene et sted å bo igjen.

Moren og de tre barna var lykkelige, monstrene var lykkelige, og kongen var lykkelig for at alle var lykkelige. De var som en stor, lykkelig familie! Og de levde lykkelig alle sine dager.

## Spørsmål – Questions

**Hvorfor ble det kaos?**
A. På grunn av monstrene
B. Fordi kongen ikke ville bygge nye hus
C. Fordi vaktene var onde

**Monstrene var...**
A. Grønne
B. Nervøse
C. Ekle

**Hva ville vaktene gjøre?**
A. Være fredelige
B. De ville angripe
C. Samle folket

**Kongen hjalp alle med å...**
A. Bygge nye hus
B. Samle sammen hus
C. Få rikdom

**Til slutt var alle...**
A. Slimete
B. Ekle
C. Lykkelige

# Svar – Answers

**Hvorfor ble det kaos?**
**A. På grunn av monstrene**
B. Fordi kongen ikke ville bygge nye hus
C. Fordi vaktene var onde

**Monstrene var...**
A. Grønne
B. Nervøse
**C. Ekle**

**Hva ville vaktene gjøre?**
A. Være fredelige
**B. De ville angripe**
C. Samle folket

**Kongen hjalp alle med å...**
**A. Bygge nye hus**
B. Samle sammen hus
C. Få rikdom

**Til slutt var alle...**
A. Slimete
B. Ekle
**C. Lykkelige**

# Den lille fuglen – The Little Bird

## Part 1

### Vokabulær – Vocabulary

| | |
|---|---|
| **Trygt** | Safe |
| **Rede** | Nest |
| **Lekte** | Played |
| **Søsken** | Sibling |
| **Forlate** | Leave |
| **Grue seg** | Dread |
| **Tårer** | Tears |
| **Fløy** | Flew |
| **Verden** | World |
| **Ørken** | Desert |
| **Skjønte** | Understood |
| **Skynde seg** | Hurry |
| **Lette** | Searched |
| **Tørst** | Thirsty |
| **Basseng** | Pool |

# I redet – In the Nest

Det var en gang en liten fugl. Han hadde det trygt og godt i redet sitt. Moren hans ga han mat og varmet han når han var kald. Han lekte med sine søsken dagen lang.

*Once upon a time, there was a little bird. He was safe and well in his nest. His mother gave him food and warmed him when he was cold. He played with his siblings all day long.*

En dag var det på tide å forlate redet.
«Jeg gruer meg,» sa den lille fuglen.
«Det går nok bra. Jeg har lært deg alt du trenger å vite,» sa moren.

*One day, it was time to leave the nest.*
*"I'm dreading it," said the little bird.*
*"It will be fine. I've taught you everything you need to know," said the mother.*

De satt på treet og så på hverandre. Begge hadde tårer i øynene.

«Takk for alt,» sa han.

Så fløy han opp fra treet, ut i den store verdenen.

*They sat on the tree and looked at each other. Both had tears in their eyes.*

*"Thanks for everything," he said.*

*Then he flew up from the tree, into the big world.*

Han fløy langt, forbi skoger, fjell og hav. Til slutt visste han ikke hvor han var. Alt han kunne se rundt seg var sand. Fuglen var midt i ørkenen.

*He flew far, past forests, mountains and seas. In the end, he did not know where he was. All he could see around him was sand. The bird was in the middle of the desert.*

Han var sliten og redd, men han skjønte at han måtte skynde seg og finne vann. Fuglen lette høyt og lavt - den lette overalt. Han ble tørstere og tørstere, og reddere og reddere.

*He was tired and scared, but he realized he had to hurry and find water. The bird searched high and low - it searched everywhere. He became more and more thirsty, and more and more scared.*

Til slutt begynte han å se ting som ikke var der; masse vann, iskrem og frukt. Han så til og med et stort basseng og hoppet oppi. Alt han fikk var sand i munnen.

*Eventually he began to see things that were not there; lots of water, ice cream and fruit. He even saw a large pool and jumped in. All he got was sand in his mouth.*

# I redet

Det var en gang en liten fugl. Han hadde det trygt og godt i redet sitt. Moren hans ga han mat og varmet han når han var kald. Han lekte med sine søsken dagen lang.

En dag var det på tide å forlate redet.
«Jeg gruer meg,» sa den lille fuglen.
«Det går nok bra. Jeg har lært deg alt du trenger å vite,» sa moren.

De satt på treet og så på hverandre. Begge hadde tårer i øynene.
«Takk for alt,» sa han.
Så fløy han opp fra treet, ut i den store verdenen.

Han fløy langt, forbi skoger, fjell og hav. Til slutt visste han ikke hvor han var. Alt han kunne se rundt seg var sand. Fuglen var midt i ørkenen.

Han var sliten og redd, men han skjønte at han måtte skynde seg og finne vann. Fuglen lette høyt og lavt - den lette overalt. Han ble tørstere og tørstere, og reddere og reddere.

Til slutt begynte han å se ting som ikke var der; masse vann, iskrem og frukt. Han så til og med et stort basseng og hoppet oppi. Alt han fikk var sand i munnen.

# Spørsmål – Questions

**Fuglen hadde det trygt og godt i sitt...**
A. Basseng
B. Rede
C. Hav

**Han lekte med...**
A. Sin far
B. Sin bestemor
C. Sine søsken

**Hvor var han til slutt?**
A. I ørkenen
B. I skogen
C. På fjellet

**Han var tørst. Hva måtte han gjøre?**
A. Lete etter sand
B. Finne moren sin
C. Lete etter vann

**Hva hoppet han i?**
A. Et rede
B. Et hav
C. Et basseng

# Svar – Answers

**Fuglen hadde det trygt og godt i sitt...**
A. Basseng
**B. Rede**
C. Hav

**Han lekte med...**
A. Sin far
B. Sin bestemor
**C. Sine søsken**

**Hvor var han til slutt?**
**A. I ørkenen**
B. I skogen
C. På fjellet

**Han var tørst. Hva måtte han gjøre?**
A. Lete etter sand
B. Finne moren sin
**C. Lete etter vann**

**Hva hoppet han i?**
A. Et rede
B. Et hav
**C. Et basseng**

# Part 2

## Vokabulær – Vocabulary

| | |
|---|---|
| **Svimmel** | Dizzy |
| **Flyttet** | Moved |
| **Gi opp** | Give up |
| **Ropte** | Shouted |
| **Dårlig** | Bad |
| **Rygg** | Back |
| **Gjeng** | Bunch |
| **Engstelig** | Anxiously |
| **Største** | Largest |
| **Advarer** | Warning |
| **Farlig** | Dangerous |
| **Dør** | Dying |
| **Med en gang** | Right away |
| **Liv** | Life |
| **Syntes synd på** | Felt sorry for |

# Tørst – Thirsty

Fuglen begynte å føle seg svimmel og la seg ned. Hvorfor flyttet jeg fra mitt trygge rede? tenkte han. Akkurat da han skulle gi opp, så han en kamel!

*The bird began to feel dizzy and laid down. Why did I move from my safe nest? he thought. Just as he was about to give up, he saw a camel!*

«Hei, du!» ropte fuglen.
«Vær så snill og hjelp meg, jeg føler meg veldig dårlig. Har du noe vann til meg?»

*"Hey you!" shouted the bird.*
*"Please help me, I feel very bad. Do you have any water for me?"*

«Beklager, jeg leter etter det selv,» sa kamelen. Kamelen syntes synd på fuglen og satte den opp på ryggen sin.

*"Sorry, I'm looking for it myself," said the camel. The camel felt sorry for the bird and put it on his back.*

De fortsatte å lete sammen, og etter en stund så de en gjeng med elefanter.
«Vet dere hvor vi kan finne vann?» spurte fuglen og kamelen engstelig.

*They continued searching together, and after a while, they saw a bunch of elephants.*
*"Do you know where we can find water?" the bird and camel asked anxiously.*

«Ja,» svarte den største elefanten.
«Vi er på vei dit nå. Men jeg advarer deg! Vannet er et farlig sted for en liten fugl som deg.»

*"Yes," replied the largest elephant.*
*"We're on our way there now. But I'm warning you! The water is a dangerous place for a little bird like you."*

«Det spiller ingen rolle. Jeg må ha vann med en gang, før jeg dør av tørst!»
«Vel, det vannet har også tatt mange liv,» sa elefanten...

*"Doesn't matter. I must have water right away, before I die of thirst!"*
*"Well, that water has also taken many lives," said the elephant...*

## Tørst

Fuglen begynte å føle seg svimmel og la seg ned. Hvorfor flyttet jeg fra mitt trygge rede? tenkte han. Akkurat da han skulle gi opp, så han en kamel!

«Hei, du!» ropte fuglen.
«Vær så snill og hjelp meg, jeg føler meg veldig dårlig. Har du noe vann til meg?»
«Beklager, jeg leter etter det selv,» sa kamelen.
Kamelen syntes synd på fuglen og satte den opp på ryggen sin.

De fortsatte å lete sammen, og etter en stund så de en gjeng med elefanter.
«Vet dere hvor vi kan finne vann?» spurte fuglen og kamelen engstelig.

«Ja,» svarte den største elefanten.

«Vi er på vei dit nå. Men jeg advarer deg! Vannet er et farlig sted for en liten fugl som deg.»

«Det spiller ingen rolle. Jeg må ha vann med en gang, før jeg dør av tørst!»

«Vel, det vannet har også tatt mange liv,» sa elefanten...

## Spørsmål – Questions

**Fuglen følte seg...**
A. Farlig
B. Svimmel
C. Sterk

**Hva gjorde kamelen?**
A. Ga fuglen vann
B. Satte fuglen på ryggen sin
C. Ropte på fuglen

**Hvem møtte fuglen?**
A. Elefanter
B. Andre fugler
C. Insekter

**Hva gjorde elefantene?**
A. Ropte på fuglen
B. Sendte fuglen hjem
C. Advarte fuglen

**Elefantene sa at vannet er...**
A. Gjeng
B. Farlig
C. Enstelig

## Svar – Answers

**Fuglen følte seg...**
A. Farlig
**B. Svimmel**
C. Sterk

**Hva gjorde kamelen?**
A. Ga fuglen vann
**B. Satte fuglen på ryggen sin**
C. Ropte på fuglen

**Hvem møtte fuglen?**
**A. Elefanter**
B. Andre fugler
C. Insekter

**Hva gjorde elefantene?**
A. Ropte på fuglen
B. Sendte fuglen hjem
**C. Advarte fuglen**

**Elefantene sa at vannet er...**
A. Gjeng
**B. Farlig**
C. Enstelig

# Part 3
## Vokabulær – Vocabulary

| | |
|---|---|
| **Hoppe** | Jump |
| **Smakt** | Tasted |
| **Fanget** | Caught |
| **Tynn** | Skinny |
| **Vondt** | Hurt |
| **Orker ikke** | Can't bear |
| **Måltid** | Meal |
| **Desperat** | Desperate |
| **Smerte** | Pain |
| **Love** | Promise |
| **Skeptisk** | Skeptical |
| **Lure** | Trick |
| **Rengjøre** | Clean |
| **Pinne** | Stick |
| **Krangle** | Fight |

# Vannet – The Water

Elefantene førte fuglen til en elv, og endelig fikk fuglen vann. Han ble så glad at han begynte å hoppe rundt! Det var det beste vannet han hadde smakt i sitt liv.

*The elephants led the bird to a river, and finally the bird got water. He became so happy that he started jumping around! It was the best water he had tasted in his life.*

Mens fuglen drakk, kom det plutselig en stor krokodille og fanget fuglen!
«Hjelp!» begynte fuglen å skrike.

*While the bird was drinking, a large crocodile suddenly came and caught the bird!*
*"Help!" the bird began to scream.*

«Hva har vi her? Middag?» spurte krokodillen.

«Nei, bare litt snacks. Du er jo så tynn...»


*"What have we here? Dinner?" asked the crocodile.*

*"No, just a little snack. You're so skinny..."*


«Du har rett, jeg er for tynn! Ikke spis meg, jeg smaker ikke godt!»

«Jo, du er perfekt. Jeg har vondt i tanna, så jeg orker uansett ikke et stort måltid.»


*"You're right, I'm too skinny! Don't eat me, I don't taste good!"*

*"But yes, you're perfect. I have pain in my tooth, so I can't handle a big meal anyway."*

Fuglen var desperat og måtte finne på noe.

«Jeg kan hjelpe deg med tannsmerten! Jeg skal hjelpe deg hvis du lover å ikke spise meg,» sa fuglen.

*The bird was desperate and had to come up with something.*
*"I can help you with your toothache! I will help you if you promise not to eat me," the bird said.*

Krokodillen var skeptisk.

«Greit, men det er best for deg at du ikke prøver å lure meg!».

Han hadde så vondt i tanna at han gikk med på det.

*The crocodile was skeptical.*
*"Okay, but it's best for you not to try to fool me!"*
*He had such pain in the tooth that he agreed to it.*

Fuglen begynte å rengjøre munnen til krokodillen med en pinne og håpet at det ville hjelpe. Utrolig nok følte krokodillen seg bedre, og det var slik verdens første tannlege ble født!

*The bird started cleaning the mouth of the crocodile with a stick, hoping it would help. Incredibly, the crocodile felt better, and it was like that the world's first dentist was born!*

De andre krokodillene begynte å krangle.
«Fiks mine tenner, jeg gir deg 5 fisk!»
«Nei, fiks mine først, jeg gir deg 10 fisk!»
Og fuglen måtte aldri være sulten eller tørst igjen.

*The other crocodiles started fighting.*
*"Fix my teeth! I'll give you 5 fish!"*
*"No, fix mine first, I'll give you 10 fish!"*
*And the bird never had to be hungry or thirsty again.*

## Vannet

Elefantene førte fuglen til en elv, og endelig fikk fuglen vann. Han ble så glad at han begynte å hoppe rundt! Det var det beste vannet han hadde smakt i sitt liv. Mens fuglen drakk, kom det plutselig en stor krokodille og fanget fuglen!

«Hjelp!» begynte fuglen å skrike. «Hva har vi her? Middag?» spurte krokodillen.
«Nei, bare litt snacks. Du er jo så tynn...»
«Du har rett, jeg er for tynn! Ikke spis meg, jeg smaker ikke godt!»
«Jo, du er perfekt. Jeg har vondt i tanna, så jeg orker uansett ikke et stort måltid.»

Fuglen var desperat og måtte finne på noe.
«Jeg kan hjelpe deg med tannsmerten! Jeg skal hjelpe deg hvis du lover å ikke spise meg,» sa han.
Krokodillen var skeptisk.

«Greit, men det er best for deg at du ikke prøver å lure meg!».

Han hadde så vondt i tanna at han gikk med på det.

Fuglen begynte å rengjøre munnen til krokodillen med en pinne og håpet at det ville hjelpe. Utrolig nok følte krokodillen seg bedre, og det var slik verdens første tannlege ble født!

De andre krokodillene begynte å krangle.

«Fiks mine tenner, jeg gir deg 5 fisk!»

«Nei, fiks mine først, jeg gir deg 10 fisk!»

Og fuglen måtte aldri være sulten eller tørst igjen.

# Spørsmål – Questions

### Hva syntes fuglen om vannet?
A. Vannet smakte ikke bra
B. Fuglen begynte å hoppe i vannet
C. Det var det beste vannet han hadde smakt

### Hva skjedde med fuglen?
A. Den begynte å bade i vannet
B. Den ble fanget av en krokodille
C. Den orket ikke å drikke vannet

### Krokodillen var...
A. Kranglete
B. Skeptisk
C. Desperat

### Hva begynte fuglen å gjøre?
A. Love krokodillen noe
B. Krangle med krokodillen
C. Rengjøre munnen til krokodillen

### Hva ble fuglen til slutt?
A. Måltid
B. Sulten
C. Tannlege

# Svar – Answers

**Hva syntes fuglen om vannet?**
A. Vannet smakte ikke bra
B. Fuglen ville hoppe i vannet
**C. Det var det beste vannet han hadde smakt**

**Hva skjedde med fuglen?**
A. Den begynte å bade i vannet
**B. Den ble fanget av en krokodille**
C. Den orket ikke å drikke vannet

**Krokodillen var...**
A. Kranglete
**B. Skeptisk**
C. Desperat

**Hva begynte fuglen å gjøre?**
A. Love krokodillen noe
B. Krangle med krokodillen
**C. Rengjøre munnen til krokodillen**

**Hva ble fuglen til slutt?**
A. Måltid
B. Sulten
**C. Tannlege**

# Ekteparet – The Couple

# Part 1

# Vokabulær – Vocabulary

| | |
|---|---|
| **Ektepar** | Married couple |
| **Usunn** | Unhealthy |
| **Tjukk** | Fat |
| **Kjøleskap** | Fridge |
| **Bevege** | Move |
| **Bekymret** | Worried |
| **Legekontor** | Doctor's office |
| **Vente** | Wait |
| **Værelse** | Room |
| **Forklarte** | Explained |
| **Sjekke** | Check |
| **Blodtrykk** | Blood pressure |
| **Vekt** | Weight |
| **Trøste** | Comfort |
| **Fastlege** | General Practitioner/ Family doctor |

# Usunn mat – Unhealthy Food

Herr og fru Pettersen elsker mat. Dessverre spiser de mye usunn mat, og fru Pettersen er litt tjukk. En dag skulle fru Pettersen hente en kake som lå øverst i kjøleskapet.

*Mr. and Mrs. Pettersen love food. Unfortunately, they eat a lot of unhealthy food, and Mrs. Pettersen is a bit fat. One day Mrs. Pettersen was going to get a cake that was on the top of the fridge.*

«Au!» skrek hun plutselig.
«Hva skjedde?» spurte herr Pettersen mens han løp bort til henne.

*"Ouch!" she screamed suddenly.*
*"What happened?" asked Mr. Pettersen as he ran over to her.*

«Jeg fikk vondt i ryggen...»
Hun klarte nesten ikke å bevege seg.
«Huff da, vi må dra til legen,» sa mannen bekymret.

*"I got pain in my back..." She almost could not move.*

*"Oh, we have to go to the doctor," said the man worriedly.*

På legekontoret måtte de vente i venteværelset. Til slutt fikk de gå inn til fastlegen.
«Hva kan jeg hjelpe deg med?» spurte fastlegen.

*At the doctor's office, they had to wait in the waiting room. Finally, they got to see the General Practitioner.*

*"What can I help you with?" asked the GP.*

Ekteparet forklarte hva som hadde skjedd.

«Hm, interessant,» sa fastlegen.

Han sjekket blodtrykket hennes, og sa igjen:

«Hm, interessant...»

Deretter ba han henne stå på en vekt.

«Hm, veldig interessant!» sa fastlegen denne gangen.


*The couple explained what had happened.*

*"Hm, interesting," said the GP.*

*He checked her blood pressure, and said again:*
*"Hm, interesting..."*

*Then he asked her to stand on a scale.*

*"Hm, very interesting!" said the GP this time.*

«Jeg er kanskje litt tjukk,» sa fru Pettersen og så ned.

«Nei da,» sa herr Pettersen trøstende.

*"I may be a little fat," said Mrs. Pettersen and looked down.*

*"No, no," said Mr. Pettersen comfortingly.*

«Jeg er redd jeg har noen dårlige nyheter,» sa legen...

*"I'm afraid I have some bad news," said the doctor...*

## Usunn mat

Herr og fru Pettersen elsker mat. Dessverre spiser de mye usunn mat, og fru Pettersen er litt tjukk. En dag skulle fru Pettersen hente en kake som lå øverst i kjøleskapet.

«Au!» skrek hun plutselig.

«Hva skjedde?» spurte herr Pettersen mens han løp bort til henne.

«Jeg fikk vondt i ryggen...»

Hun klarte nesten ikke bevege seg.

«Huff da, vi må dra til legen,» sa mannen bekymret.

På legekontoret måtte de vente i venteværelset. Til slutt fikk de gå inn til fastlegen.

«Hva kan jeg hjelpe deg med?» spurte fastlegen.

Ekteparet forklarte hva som hadde skjedd.

«Hm, interessant,» sa fastlegen.

Han sjekket blodtrykket hennes, og sa igjen:

«Hm, interessant...»


Deretter ba han henne stå på en vekt.

«Hm, veldig interessant!» sa fastlegen denne gangen,

«Jeg er kanskje litt tjukk,» sa fru Pettersen og så ned.

«Nei da,» sa herr Pettersen trøstende.

«Jeg er redd jeg har noen dårlige nyheter,» sa legen...

# Spørsmål – Questions

**Hva spiste ekteparet?**
A. Sunn mat
B. Grønnsaker
C. Usunn mat

**Hva skjedde med fru Pettersen?**
A. Hun ville ikke spise kake
B. Hun fikk vondt i ryggen
C. Hun fikk smerte i magen

**Hvor gikk ekteparet?**
A. Til legekontoret
B. Til huset
C. Til sykehuset

**Hvem møtte de der?**
A. Barnelegen
B. Tannlegen
C. Fastlegen

**Hva var fru Pettersen?**
A. Sur
B. Tjukk
C. Sunn

# Svar – Answers

**Hva spiste ekteparet?**
A. Sunn mat
B. Grønnsaker
**C. Usunn mat**

**Hva skjedde med fru Pettersen?**
A. Hun ville ikke spise kake
**B. Hun fikk vondt i ryggen**
C. Hun fikk smerte i magen

**Hvor gikk ekteparet?**
**A. Til legekontoret**
B. Til huset
C. Til sykehuset

**Hvem møtte de der?**
A. Barnelegen
B. Tannlegen
**C. Fastlegen**

**Hva var fru Pettersen?**
A. Sur
**B. Tjukk**
C. Sunn

# Part 2

## Vokabulær – Vocabulary

| | |
|---|---|
| **Nyheter** | News |
| **Alvorlig** | Serious |
| **Blikk** | Look |
| **Overvektig** | Overweight |
| **Hjerteinfarkt** | Heart attack |
| **Stresset** | Stressed |
| **Medisin** | Medication |
| **Piller** | Pills |
| **Mente** | Meant |
| **Trene** | Exercise |
| **Sjokkert** | Shocked |
| **Resept** | Prescription |
| **Glemt** | Forgot |
| **Farmasøyt** | Pharmacist |
| **Apotek** | Pharmacy |

## Dårlige nyheter – Bad News

«Jeg har noen gode nyheter, og noen dårlige nyheter,» sa legen alvorlig.

Ekteparet ga hverandre et nervøst blikk.

*"I have some good news, and some bad news," said the doctor seriously.*

*The couple gave each other a nervous look.*

«Hva er de dårlige nyhetene?»

Legen fortalte henne at hun er overvektig. Hun har høyt blodtrykk og kan få hjerteinfarkt.

*"What's the bad news?"*

*The doctor told her that she is overweight. She has high blood pressure and can get a heart attack.*

Nå ble ekteparet enda mer stresset.

«Så hva er de gode nyhetene da?»

«Du kan gjøre noe med det!» sa legen.

«Å, så bra! Gi meg medisinen!» sa fru Pettersen.

*Now the couple became even more stressed.*
*"So what's the good news then?"*

*"You can do something about it!" sa legen.*

*"Oh, that's great! Give me the medicine!" said Mrs. Pettersen.*

«Det var ikke det jeg mente…» sa fastlegen.

Han fortalte henne at hun må begynne å spise sunt og trene.

*"That was not what I meant," said the GP.*

*He told her she has to start eating healthy and exercising.*

«Får jeg ingen piller?» spurte fru Pettersen sjokkert.

«Jo da, jeg skriver en resept for ryggsmerten din. Du kan få hjelp av farmasøyten på apoteket,» svarte legen.

«Å, ryggsmerten hadde jeg helt glemt...» sa fru Pettersen, fortsatt sjokkert.


*"Am I not getting any pills?" asked Mrs. Pettersen shocked.*

*"Sure, I'm writing a prescription for your back pain. You can get help from the pharmacist at the pharmacy," the doctor replied.*

*"Oh, I had totally forgotten about the back pain..." said Mrs. Pettersen, still shocked.*

## Dårlige nyheter

«Jeg har noen gode nyheter, og noen dårlige nyheter,» sa legen alvorlig.

Ekteparet ga hverandre et nervøst blikk.

«Hva er de dårlige nyhetene?»

Legen fortalte henne at hun er overvektig. Hun har høyt blodtrykk og kan få hjerteinfarkt.

Nå ble ekteparet enda mer stresset.

«Så hva er de gode nyhetene da?»

«Du kan gjøre noe med det!» sa legen.

«Å, så bra! Gi meg medisinen!» sa fru Pettersen.

«Det var ikke det jeg mente...» sa fastlegen.

Han fortalte henne at hun må begynne å spise sunt og trene.

«Får jeg ingen piller?» spurte fru Pettersen sjokkert.

«Jo da, jeg skriver en resept for ryggsmerten din. Du kan få hjelp av farmasøyten på apoteket,» svarte legen.

«Å, ryggsmerten hadde jeg helt glemt...» sa fru Pettersen, fortsatt sjokkert.

# Spørsmål – Questions

**Hva var de dårlige nyhetene?**
A. Fru Pettersen var undervektig
B. Herr Pettersen var syk
C. Fru Pettersen var overvektig

**Hva kunne hun få?**
A. Hjerteinfarkt
B. Usunn mat
C. Blikk

**Hva ville hun ha?**
A. Apotek
B. Medisin
C. Stress

**Hva ba legen henne om å gjøre?**
A. Begynne å trene
B. Dra til sykehuset
C. Gå hjem og spise

**Hvor skulle hun hente pillene?**
A. Medisinen
B. Legekontoret
C. Apoteket

# Svar – Answers

**Hva var de dårlige nyhetene?**
A. Fru Pettersen var undervektig
B. Herr Pettersen var syk
**C. Fru Pettersen var overvektig**

**Hva kunne hun få på grunn av det?**
**A. Hjerteinfarkt**
B. Usunn mat
C. Blikk

**Hva ville hun ha?**
A. Apotek
**B. Medisin**
C. Stress

**Hva ba legen henne om å gjøre?**
**A. Begynne å trene**
B. Dra til sykehuset
C. Gå hjem og spise

**Hvor skulle hun hente pillene?**
A. Medisinen
B. Legekontoret
**C. Apoteket**

# Part 3

## Vokabulær – Vocabulary

| | |
|---|---|
| **Livsstil** | Lifestyle |
| **Oppmuntre** | Encourage |
| **Treningssenter** | Gym |
| **Løfte** | Lift |
| **Styrketrening** | Strength training |
| **Sterk** | Strong |
| **Jogge** | Jog |
| **Raskere** | Faster |
| **Kosthold** | Diet |
| **Forundret** | Puzzled |
| **Tømte** | Emptied |
| **Frisk** | Healthy |
| **Syk** | Sick |
| **Gratulerte** | Congratulated |
| **Lov til** | Allowed |

# Endre livsstil – Lifestyle Change

Fru Pettersen likte ikke nyhetene fra legen. Må hun plutselig trene? Og spise sunt? Hun som elsker kake. Mannen hennes prøvde å oppmuntre henne, og sa at han skulle hjelpe henne med å endre livsstil.

*Mrs. Pettersen did not like the news from the doctor. Does she suddenly have to exercise? And eat healthy? She who loves cake. Her husband tried to encourage her, and he said that he would help her change her lifestyle.*

De startet på et treningssenter hvor de løftet vekter. Damen likte styrketrening, og hun ville bli sterk.

*They started at a gym where they lifted weights. The lady enjoyed strength training, and she wanted to become strong.*

Hun begynte også å jogge, og etter en stund løp hun til og med raskere enn mannen sin.

*She also started jogging, and after a while she even ran faster than her husband.*

Å endre kostholdet var vanskeligere. Herr Pettersen ville spise litt kake.

«Hva driver du med?» skrek fru Pettersen.

Mannen så rart på henne. Hva mener hun?

*Changing the diet was more difficult. Mr. Pettersen wanted to eat some cake. "*

*What are you doing?" shouted Mrs. Pettersen.*

*The man looked at her strangely. What does she mean?*

«Du har vel ikke tenkt å spise den? Du sa du skulle hjelpe meg å endre livsstil?!» fortsatte hun.

*"You're not going to eat that, are you? You said you were going to help me change my lifestyle?!" she continued.*

«Må JEG slutte å spise kake når det er DU som skal ned i vekt?» spurte mannen forundret. Tydeligvis.

*"Do I have to stop eating cake while YOU are going to lose weight?" asked the man puzzled. Apparently.*

Hun tømte hele kjøkkenet for usunn mat og sa:
«Fra nå av skal vi bare spise sunn mat her i huset!»
Supert, tenkte mannen.

*She emptied the whole kitchen of unhealthy food and said: "From now on we will only eat healthy food in this house!"*
*Great, the man thought.*

Etter mye hard jobbing dro hun tilbake til legen.
«Jeg har kun gode nyheter denne gangen!» sa legen med et smil.

*After much hard work, she went back to the doctor.*
*"I have only good news this time," said the doctor with a smile.*

«Ditt blodtrykk og din vekt er nå normale. Du er frisk som en fisk!»

«Hurra, jeg er ikke syk lenger! Jeg føler meg fantastisk!»

*"Your blood pressure and your weight are now normal. You're healthy as a fish!"*

*"Hurray, I'm not sick anymore! I feel fantastic!"*

Mannen var veldig glad og gratulerte kona. Mens de gikk hjemover tenkte han på at han kanskje kunne få lov til å spise kake igjen...

*The man was very happy and congratulated the wife. As they walked home, he thought about maybe being allowed to eat cake again...*

# Endre livsstil

Fru Pettersen likte ikke nyhetene fra legen. Må hun plutselig trene? Og spise sunt? Hun som elsker kake. Mannen hennes prøvde å oppmuntre henne, og sa at han skulle hjelpe henne med å endre livsstil.

De startet på et treningssenter hvor de løftet vekter. Damen likte styrketrening, og hun ville bli sterk. Hun begynte også å jogge, og etter en stund løp hun til og med raskere enn mannen sin.

Å endre kostholdet var vanskeligere. Herr Pettersen ville spise litt kake.

«Hva driver du med?» skrek fru Pettersen.

Mannen så rart på henne. Hva mener hun?

«Du har vel ikke tenkt å spise den? Du sa du skulle hjelpe meg å endre livsstil?!» fortsatte hun.

«Må JEG slutte å spise kake når det er DU som skal ned i vekt?» spurte mannen forundret.
Tydeligvis.

Hun tømte hele kjøkkenet for usunn mat og sa: «Fra nå av skal vi bare spise sunn mat her i huset!»
Supert, tenkte mannen.

Etter mye hard jobbing dro hun tilbake til legen.
«Jeg har kun gode nyheter denne gangen!» sa legen med et smil.

«Ditt blodtrykk og din vekt er nå normale. Du er frisk som en fisk!»
«Hurra, jeg er ikke syk lenger! Jeg føler meg fantastisk!»

Mannen var veldig glad og gratulerte kona. Mens de gikk hjemover tenkte han på at han kanskje kunne få lov til å spise kake igjen...

# Spørsmål – Questions

**Hva prøvde mannen å gjøre?**
A. Løfte
B. Tømme
C. Oppmuntre

**Hva likte damen?**
A. Styrketrening
B. Å være raskere
C. Sunt kosthold

**Mannen fikk ikke spise kake og ble...**
A. Tydelig
B. Forundret
C. Sterk

**Til slutt var damen...**
A. Overvektig
B. Frisk
C. Syk

**Mannen ble glad og...**
A. Oppmuntret kona
B. Forundret kona
C. Gratulerte kona

# Svar – Answers

**Hva prøvde mannen å gjøre?**
A. Løfte
B. Tømme
**C. Oppmuntre**

**Hva likte damen?**
**A. Styrketrening**
B. Å være raskere
C. Sunt kosthold

**Mannen fikk ikke spise kake og ble...**
A. Tydelig
**B. Forundret**
C. Sterk

**Til slutt var damen...**
A. Overvektig
**B. Frisk**
C. Syk

**Mannen ble glad og...**
A. Oppmuntret kona
B. Forundret kona
**C. Gratulerte kona**